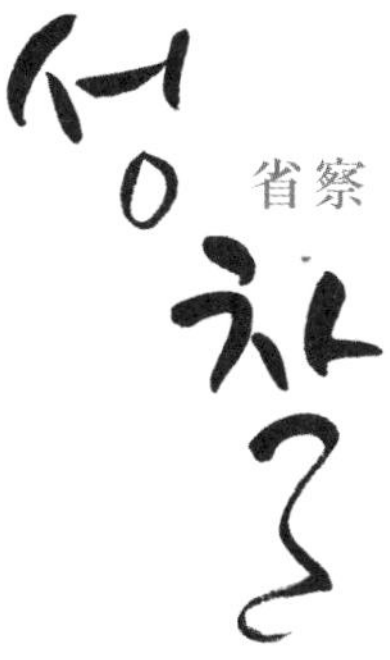

이 경 우 시집

도서출판 천우

이경우 시인 · 수필가

종합문예지 월간 『문학세계』 시 부문과 수필 부문에 등단하였으며, 문학세계문인회 정회원이다.
동아대학교 대학원에서 경영학을 전공하고 경영학박사 학위를 취득하였으며, 영남대학교 대학원 박사과정에서 심리학을 전공하였다.
동아대학교에서 겸임교수로 활동하였으며, 경영컨설턴트 · ISO 인증 심사원 자격을 취득하였다.
현재 사업도 하고 있는데, 이는 자신과 사회를 위한 삶의 중요한 과정이며 근간이라고 생각하고 있다.
금정산 자락에서 산촌생활을 하면서 존재의 참 의미를 자연에서 깨달아가고 있으며, 자신을 성찰하면서 시, 수필, 자기계발 분야 등의 글을 쓰는 즐거움을 느끼고 있다.

• 저서

수필집 『나는 바얌풍 하여도 너희는 바람풍 하여라』
자기계발서 『나를 변화시키는 화술의 힘』
시 · 수필집 『마음으로 보는 것들』
시집 『성찰省察』

삶은 끝이 없는 여정이다.

나를 찾는 여정에서
어떤 대상이나 지식을
찾아 헤매며 자신의
부족함에 마음을 설쳤다.

나는 자연에서
자연의 지혜를 배우고 있는데,
자연을 사랑할수록 오히려
내가 더 사랑을 받고 있다.

자연이 주는 사랑으로
자연은 나에게
시의 세계를 보여 주었다.

시에는 인생 · 예술 · 자연 등
모든 것이 함축되어 있기에
시를 통해 일상을 성찰하고
마음의 위안을 가지고 싶다.

계속 정진을 하며
의미 있게 산다면,
끝이 없는 삶의 여정에서
자연과 시가 주는 영감은 분명히
나를 '나'로서 살게 하리라 믿는다.

2015년 11월

李景雨

제 1 부

깨달아 가는

● 프롤로그

제2부

마음으로 보는

제3부

자연이 들려주는

제4부

자연을 노래하는 I

제5부

자연을 노래하는 II

제 1 부

깨달아 가는

나그네

정처 없이 걷고 있다
돌아갈 수 없을 만큼

가다가 아닌가 다시
돌아서 길을 걷는다

알면서 반복하여 걷는 인생
그 순간 그 자리가 지금이건만
되돌아갈 길을 걷고 있네

끝없이 걸으며
기다리고 원하는 것은
결국 내 안에 있는 것을

허물

허물이 풍파 견디고
억겁으로 만든 세월

허물은 바람에 해지고
낙엽에 부스러지는데
벗기어진 속살은
온 데 간 데 없다

허물을 외면하는
외눈박이 찡그린 미간이
마음에 처박히어
홀로 서지 못하는 자화상

원점으로 돌아 허물과 속살이
흔적을 가역可逆하여
길을 걷는다면
진실이 허물을 벗겨줄까
허물이 진실을 벗겨줄까

가을비

추적대는 가을비
새벽을 깨우며
철없는 불청객으로
붉은 꽃잎 백일홍의
마지막 심기를 훑는다

있어야 할 자리가 아닌
어색한 중압감으로
바람에 얹힌 빗방울은
냉기를 뿌려댄다

냉혹한 가을비 풍경에
삔들거리는 일상이
무의식과 자그락거린다

언제쯤일까
차갑지도, 무겁지도 않은
자의식의 세계가

언제쯤일까
빗소리를
파란 하늘을
허심으로 보는 마음이

아스팔트 인생

아스팔트에 퍼질러
잠자는 인생

아스팔트 위에서
흐느적대는
바람 빠진 인형처럼
달리고 있으나 꼼질거리며
제자리에 멈춰 있다

깃발이 유혹하는 저 목적지!
뒷걸음 속도에
기억이 더듬적댄다

넘어갈 수 없으며
뒤돌아갈 수 없다 하며
차츰차츰 늘어나는 핑계거리

갈망하는 꿈을 향해
나란히 갈 수 없는
안팎이 교차하는 인생

달리고 있으나
아스팔트 위에 맴도는
답답한 꿈을 꾸고 있다

시름에 잠긴

초가을 냉기가 흘리는
외로움이
느껍다

삼겹살에 익는
소주 한 잔에
시름을 담근다

따끈따끈한
석쇠 숯불에
사랑도
허물도
노릇노릇하다

깊은 가슴속에
덕지덕지 붙은
빈껍데기는
잿빛만 남았는데,
정녕
식지 않는 이것은
생채기의 흔적인가

본디 육신의 끝은
다비茶毘인 것을…

선택한 불안

선택한 자유에
왜 만족이 없나

누릴 여유가
불안이던가

선택이
선택을 낳는
불안, 어리석음

얽혀버린 선택이
잃어버린 여유가
한 치의 공간도
밀어제끼다

선택과 여유의 공존

홀이
홀로가 아니며
원근遠近과 현상을
지워버리는 마음이
넓고 끝없는 세상인 것을

민낯으로

탈출을 멈춰라

민낯이 없다
만날 때마다
우연처럼 낯설다

말없이 자기 생각에
가까이 있으나 이방인

아무에게도
사랑받지 않는

아무도
사랑하지 않는

홀로 여행을 하고 싶다

가면을 훌훌 벗어버리고
'나' 만의 여행을

지금-여기에

'있는 그대로'
'지금-여기에'

삶의 심줄을 떨치고,
가재미눈이
왜곡, 남 탓하며
분노와 적대감으로
미소를 덮는다

허섭스레기 축에도 못 끼는
울컥울컥하는 마음이
세상을 이기는 힘인 양
시공간에 분별없이 허다하다

이상향理想鄕의 변종
환멸과 두려움이

밤낮없이
현실과 충돌하고
정당한 분노라고 착각한다

숨겨져 있는 이야기가
숨어 있는 기대의 덫에 걸려
적대감으로, 분노로
아물지 못하는 상처를 남긴다

분노는 점점 기형화하여
자동적 사고를 타고
거침없이 오히려
내부를 후비면서
평정심을 죽이고 있다

내 안에
분출하지 못하는
진짜가 있는데도

선택은
자의에서 나온 것이건만
탓, 탓, 탓을 하며
왜 버림받지 않으려고
몸부림치고 몸부림치는가

불행한 오해를 만드는
무모한 신호를
부정적인 투사를
진실처럼 뿜어낸다

아집이
‘나는 선하다’ 하며
자기 충족적 언어로 미화한다

세상을 제대로 볼 수 있는
출발은
‘있는 그대로’
‘지금 여기에’

유람선

사람들은 넓은 세상을 갈구하며
크고 웅장한 유람선을 동경한다

바다에 있다는 짐작만으로
어렴풋한 목적이나 방향으로
오로지 유람선을 찾아 나선다

허탈하게 되돌아오는 사람들은
애타던 그리움이 환상이었던가

환상과 달리 호화로운 유람선은
잔잔한 바다에 머물기를 원하고
파도치는 바다는 사람을 휘둘린다

사람들은 유람선만 찾아 헤맨다

진정으로 유람선이 타고 싶다면
살랑거리지 않고 조심조심히
진정한 바다의 유희를 즐겨라

정신역동

가늘고 긴 이 아픔의
그늘은 무엇인가

어린 시절은
아름답고 사랑받는
금싸라기,
꿈이 실현되는
도깨비방망이

어린 시절은
씁쓸한,
힘든 감정도 있다

아름다움,
사랑,

꿈의 덩어리이건만,
순간순간 머물다 가는
길고 긴 이 회색의
그림자는 무엇일까

잊히지 않는
아픈 기억이
왜곡이든
불안정애착이든
미성숙한 감정으로
가슴에 휘늘어진다

성숙을 향한 에너지는
보는 눈

볼 수 있는 눈에 따라
두 갈래로 나뉘는 것을

욕망으로 대롱대는
인생은
타인을 향한
해바라기가 될 터

참모습의 가치는
느끼고 성찰하는 것

부여附與받은 인생을
감사와 기쁨이 넘치는
인생으로!

핑계

오늘에서 내일을 핑계하고
내일에서 내일을 찾을 터
내일은 또 다른 내일인가

존재이유를 해석하고
영원귀의에 초사焦思하지만
귀는 소음에 묶여 있다

시간에서 탈피하는

누가 누구를 예속하랴

의미 없이
삶을 시계에 얹고,
속절없이
세월을 갉는다

시계는 중압감에
다급히
알람이 울리건만

가는 듯 멈춘 듯
어설픈 시간에
삶이 휘둘리고

느린 걸음으로
헤매는 세월

시간이 빨판 되어
덫을 놓고,
탈출에 몸부림하는
파노라마 인생

세월을 놓치고선
역사歷史를 향하여
울부짖는 어리석음

누가 누구를 탓하랴

비교 없는 행복은
시간의 탈피인 것을

생각의 짐을 벗어야

꽃은 열매 없이도
사랑을 받는데

매미는 허물을 벗고
노래를 부르는데

사람들은 망상으로
꽃물에 아파하고
스스로 허물을 만든다

인생의 마디마디들
흔들어보면
꿰맨 흔적들인데

생각을 짊어지고
뛰는 사람들은
꽃이 되어도
매미가 되어도

생각을 짊어지고
한없이 질주한다

변명

무심히 찌르는 가시

장미 가시가
입 속에서
꽃을 피우다

장미꽃인 양
새빨갛게
화려하게
제 스스로 뽐내면

가시는
보호본능으로
더 굵어지는 법

애초에 없는
무언 무념에
매달리는 짓거리

기찻길 풍경

차창 밖 스치는
들꽃의 미소

순간의 아름다움

희미한
잔정으로 남아

들꽃도
광속이 만드는
찰나에
연민을 남길까

희미한
군상을 향하여

제2부

마음으로 보는

명상

여름밤 나를 내려놓고
세상을 닫으면
잡념을 덮는 풀벌레 소리

턱에 기댄 오른손은
나의 마음이고
나와 세상의 연결고리

생각에서 생각을 벗기어
자연에 놓으니
달이 보이고 별이 보이네

거미줄 인생

거미줄에 엮인 인생사

텃밭에 거미줄이
늘 그렇게 그 모양
내 모습이 거기에

바람에 태평하나
얻는 자와
잃는 자가
멈추지 않는 사바세계

거미는
줄을 타며
산책하고

사람들은
웃으며
걷고 있다

숨겨진
이야기들이
무수하다

아! 아버지

가마솥에 잡풀을 태우다
연기에서 풀 냄새 향긋한
타는 냄새는 희미한 고향
밀려오는 행복, 아! 이 맛!

가마솥이 끓는다
김이 풀풀~
하얗게 오르고
아버지가 조용히
쇠죽을 끓이시네

활활 타대는 콩깍지
뜨끈뜨끈한 아궁이 앞에서
무럭무럭 자라는 아들을
말없이 흐뭇하게
미소 지으시는 아버지

한마디 건네고 싶은 뭉클함
하지만
내 눈물 속으로
사라지시는 아버지

한순간의 행복이요
아쉬운 순간이다

타는 풀 냄새
풀 향기 그윽한
자연의 향기
그리운 행복, 아! 아버지
이제야 아버지를 그리워합니다

'나'

'나'
나는 요람에서
세상을 향해
크게 울었다

세상은 그런 나를
'나' 로 인정하였다

'나' 로 살면서
'나' 이외에
'나와 너' 로

그리고 '우리' 라는
공동체로 살았다

'우리' 가 늙어
인생 끝자락으로
남겨져 다시
'나와 너' 로 뒷걸음치고

그리고 '나' 만 남게 되는
외로운 현실, 황혼

늙으면 아니라고 우겨도
홀로
살아야 하는 '나'

애석해하지 말고
기억하라

큰 고목의 장점은
그늘을 만드는 여유인 것을

생각하고
생각하자
'나' 는 누구인가

잘 살았던 '나' 이던가
후회하는 '나' 이던가

나의 '나' 이던가
타인의 '나' 이던가

마음이 이끄는

바람 한 점 없는 혹서酷暑
애타도 없는 그늘

그런데…
덜 덥네

한여름 무더위에
가만히 눈을 감으니
가을이 미동微動하네

내리사랑

첫 인연이
뇌리에 각인되는
현현玄玄

외손자
태명은 축복이
축복받은 예준이
기쁨이요, 행복이다

탄생한 모습
그 자체가 오로지
사랑스럽다

잠들면
별나라

눈웃음에
동화의 나라

손자 옹알거림에
온 식구 풀이하느라
파안대소다

심상心想이
현실을 아우르는
순간순간이 미의 세계

공생共生 1

원 안에서 뒹굴어
내가 원이 되어야
부딪치지 않으며
상처받지 않는다

네모, 세모, 울퉁불퉁
가다 서다, 가다 서다
모두 힘들다

상처에 상처 없는
크고 큰 원이 되어라

'나' 이외에 그 무엇은
아무것도 아닌
허무의 세상인 것을

스스로 원을 그려라
참다운 나의 인생을

멀리 바라보고 굴려라
아름다운 세상을 위하여

어떤 신도信徒

나의 서재에 있는 성경

나는 성경을 구속拘束하고
성경은 나를 구속救贖하고

나는 성경을 구속하고

하늘 향한 마음은
준비 없이 접근하면
무위도식하는 자라고

그 준비는 늘
준비상태에 머물고

성경은 나를 구속하고

지나가는 한마디에
눈물이 고이면
가슴을 적시는 사랑인데

개미눈곱눈물도 없느냐고

묵상 默想

세상은
잘해도 말 많다
못해도 말 많다

잘한 것
못한 것
있는가, 없는가

있다 하면 있어지고
없다 하면 없어진다

"뭘 말인가"
"그게 뭔데"
"왜 그렇지"
이래 보면 이렇고
저래 보면 저렇다

생각의 꼬리들
이것 또한 말 많다

풍우風雨 가락

비 오는 날에
풍우風雨의 가락을
언제 들었던가

시원한 빗줄기가
세월을 벗겨주니
추억을 반추하네

마음을 비우는

육십이 넘은 내 나이
사랑하지 않는 것이 사랑이다

세상에 연연하지 않아
나를 내려놓는 게
연緣을 가지는 사랑이다

묵주 알 하나하나 살포시
나의 인생 나의 가슴에
보듬어 안듯이
마음으로 굴리는 인생

사랑이 되고 있네
자연이 되고 있네

놓아버리기

생각이 생각을
부풀리어

채우고 채우는
마음은
빈자貧者가 되어

광명이 허망에
빛을 잃고

달빛 별빛도
미로가 되었다

헛물을 향한
사라지지 않는
미련

자연에 놓으니
발바닥이 가볍다

무심

버스를 타다

거리의 풍경은
또 다른 세상이다

차창 안에 내가 아니라
창밖에 내가 있다

아~
내가 숨을 쉬니
사람들도 숨을 쉰다

건물도, 나무도
세상도 숨을 쉰다

사람이 보인다
세상이 보인다
내 마음도 보인다

나는 알았네
텅 빈 나의 마음
채워야 할 나의 공간을

불효 不孝

청년 때 뵙던 아버지 어머니는
일곱 살 때 보아왔던 한결 그 모습이셨다
늘 변치 않는 그 모습에 효도를 잊었었다

서른 넘은 내 자식들
언제나 어릴 적, 세 살 그 모습이다
변치 않는 그 모습이 한없이 사랑스럽다

내 아버지 어머니는
나를 어떻게 보았을까

아! 그리운 아버지, 어머니
자식 앞에서 못다 한 불효를 봅니다

제3부

자연이 들려주는

전경과 배경

지척에 있는 존재들
도시와 초원

도시를 멀리하라

초원이 보이는가
거기 누가 있는가

행복이
나의 것인가
불행이
나의 것인가

원근 구도는
내가 그리는 행복

오이꽃 노란 미소

뒷걸음치게 간질이는
오이꽃의 노란 미소

목말라 틀어진
어린줄기였는데

물 한 모금에
숨소리 활기차다

텃밭 채소에 가득한
자연의 의미
인생의 의미
채움도 비움도 있다

"………"

인간의 사상은
생각의 덧칠이라
헤어나지 못하는
상징, 합리화, 소유욕

그릇된 경향성으로
헝클어진 타래
벗기면 노란 미소인데

생이별

애절한 어미 소
쉰 울음은
흐르는 눈물에
삭아 내리고

뜨눈 사흘 밤낮
기진맥진에
고삐조차 무겁다

젖꼭지는
기다림에 지치어
젖몸살이 하염없다

잠 못 이루는 밤에

잠 못 이루는 밤에
알 수 없이 뒤척이다

채소밭에 마음이
풀을 뽑는다

베갯머리에 호미 놓고
이내 잠들다

바다와 춤을

넓고 가없는
난바다의 푸른 기운

말없이
포용하는
백사장의 넓은 아량

광대무변廣大無邊
묵언관조默言觀照

맨발로 살그미
바다와 추는 춤

영생

영생을 향한
삶의 집착은
미지의 두려움

가지 않은 길에
가지는 호기심이
진정한 영생인가

늙는다는

인연因緣,
작년에 죽은 매실나무에
무심결에 물을 주다
끈질긴 연緣을 엮다

혜안慧眼,
저절로 핀 들꽃
그저 바라보니
더욱 아름답다

자비慈悲,
울고 있는 매미의
간절함을 알 수 없으나
소리가 멈추면 걱정스럽다

비움無心,
목수국 잎이 바싹하다
스스로 욕심 부려
병을 키우지 않는데

연륜年輪,
늙어서 느리고
웃지 않아도
주름살이 미소다

농촌 유감有感

농촌 아기 울음소리는
별난 일도 아닌데
경이롭다 한다

농촌 아기 울음소리는
애달픈 전설이 되었다
천상의 소리가 되었다

도시를 동경하는,
지나친 경쟁이,
어리석음으로 남아
농촌 청춘을 접점이 없는
이방인으로 만든다

아! 타향에 길들여지는
농촌의 언어와 아이들

순수와 구수한 인심을
누구라도 가질 수 있는
누구라도 환영하는 농촌

농촌 아기 울음소리는
자연의 생명이요
흙냄새 소리인 것을

금정산 파류봉峰 1

파류봉이 말없이
말을 건네 온다

내가 중얼대면
말없이 말을 한다

나의 말을 이해하고
나와 아침을 맞는다

지쳐 있는 나를
산맥으로 받아주며
나의 일상에
미소를 보내온다

알려지지 않은 또 다른 이름
그 이름 파리봉,
하지만 나에게는 독수리봉이다

파류봉이 말없이 말을 한다
자신이 독수리라고

금정산 파류봉峰 2

파류봉이
안개 호수가 내리는
하얀 바람에
소리 없이 검실거린다

파류봉이 감개感慨로 축축하다

안개 호수에
마음이 점점 정화되고
고요히 하얗다

높이를 놓아버리고
무게를 내려놓은
편안함이 있다

세상이 순간
잊힌 봉峰으로 침묵할지라도,
안개 천국에서 노래하리라

외로운 까마귀 한 마리
천지를 모르고 아뿔싸
홀로 긴 울음으로 검게
헛걱정 뿌리며 더빽거린다

자연을 바라보는

자연이 보여주는 모범

자연의 생명들은
책임, 권리, 의무와
항상 함께하고 있다

반드시
절제도 함께하고 있다

자연이 보여주는 그 모습에
떠오르는 한마디
'노블레스 오블리주'

그러나 인간은
자연을 향해
끝없는 권리만 요구하네

산촌 방문객

내가 사는 산촌에
많은 사람이 드나든다

하지만 크게 보면
두 사람이 오는 듯하다
구수한 감자 같은 사람과
딱딱한 시멘트 같은 사람이다

감자 같은 사람은
쑥 냄새를 맡으며
망개나무 잎을 반기고
들풀에 눈을 맞추고
밭고랑에서 부모님의
호미 손마디를 찾는다

시멘트 같은 사람은
거들 일도 없는데
휘어진 허리
아픈 어깨를 상상하고
주위를 둘러보며
환각에 눈도 멀어진다

종착을 알지 못하는 지하철 인생

자연을 보는데 자연은 간데없고
퀴퀴한 매연에 갇히어
매몰찬 바닥을 걷고 있다

자연이 들려주는

게으른 사람아
자연은
일하지 않으면
결실을 주지 않는다네

배불리 먹는 사람아
자연은
과식하지 않는다네

교만한 사람아
자연은
한없이 주고도
말이 없다네

욕심 부리는 사람아
자연은
꽃이라고 모두
열매 맺지 않는다네

억지 쓰는 사람아
자연은
그냥 있어도 조화롭다네

이 사람아
자네도 자연이요
모든 것이 다 자연이라네

봄

세상을, 희망을 여는 봄은
수많은 세월에 있었듯이
지금 여기에
조용히 찾아오고 있다

봄기운에 취한 삼라만상은
느린 것은 느리고
빠른 것은 빠르다
재촉하지 않는 조화다

제4부

자연을 노래하는 I

일은 축복

텃밭에 흘린 땀

방울토마토 두 개에
발갛게 익은 사랑

"여보, 당신 하나, 나 하나!"
아내가 내미는 손

"아! 이게 행복이야!"

술술 긴 말이 아니어도
풍족함이 입안에
긴 향기로 남는다

땀 맛이 만든 행복

방울토마토에 무르익는
금실지락琴瑟之樂

주객전도

개집 위 다래 덩굴에 말벌이
둥글둥글한 터 잡고 소금을 뿌려댄다

주객전도,
눈치레 인사하고 조심히
허리 굽혀 살금살금
소리조차 낮춰야 평화롭다

출입문도 기척도 하나인데
왜 이렇게 조심스러울까

찬 바람 타고 오는 이 겨울에
밉살맞은 둥지를 차마
억지 손보기가 민망하다

대의명분은 있다
이놈들이 토종벌 잡는
생사여탈의 힘이 있다

그래도 자연이 내려준 생명,
아! 정말 고민스럽다
눈으로 삭이는 이 마음

달팽이

달팽이가 느릿느릿 걸음을 한다
가다 멈추고 멈추다 가고
다시 가다 멈춘다, 이놈이 날 봤나

달팽이 속도에 마음을 맞춰가니
내 눈 안에 달팽이가 평화롭다

지금은 아니라고 하지만
우리도 언젠가는 달팽이가 된다
걷기가 힘든 인생으로
더 이상 욕심을 가질 수 없는 날이 온다

달팽이가 되는 그때서야 깨닫겠지
"아! 느린 것이 편하구나."
"일부러 바삐 가지 않는 길이 편하구나."

바위 틈새에도 청송青松이

암벽 속에
내린 청송 뿌리가
실낱 틈새에도
말없이
역사를 잇는다

흙 한 줌 없이
힘이 들 터인데,
땀땀이 고통은
생명줄이 되고

하늘 향한
푸른 솔은
구겨짐 없이
자존감을 높인다

청송답다
높은 기백氣魄

까치집

궁금타
까치집이 어디로 사라졌나

오비이락烏飛梨落
괜스레 까치집 터 맴도는
까마귀들 의심받네

지들끼리 싸우다
홧김에 박살 냈나

아니다 까마귀는
사람이 아니라, 동물이다

슬그머니 잠시
남의 집 차지하고
알을 품을지언정,
남의 집 쳐부수는 동물은 없소

등대

대양을 물질하다가
항구 찾는 배
무섬타랴
눈빛으로 보듬는 애착

부질없이 튀어
밖으로 출렁이는
성난 파도에도
결코 휘지 않는 꿋꿋함

갯바다 고독을
홀로 삼키어 만든
한 줄기 서광瑞光

삶과 자연

자연에 호미질하는
소유의 욕심은
삶이 늘 곁에 있다는 오만

땅 한 자락에
초원을 만드는 욕심은
죽음이 훈계하는
삶의 방식인가

흙 한 줌
풀 한 포기에 해대는
삽질에 튀는 녹슨 소리에
생명도 있고 고통도 있네

석양

찬란한 마무리로
하나로 모이는
황혼의 아름다움이여!

산, 들판, 구름도
붉은색의 마법에
합장하며
황홀해 하는구나

붉디붉은 그 위엄에
하늘 아래 미물들
고개 숙여
자신을 감추고 있구나

내 인생의 끝자락은
어떤 색조로 이루어질까

그믐달

일 년 중 제일 큰 달이
그 뭣이라더냐
정월 대보름달이라더냐

한밤,
커튼이 밝다 싫어
창문을 젖히니
창밖 그믐달이
침실에 들어왔네

가냘프고 고운 자태가
노랫가락 되어 퍼지니
비록 그믐달이 작다 하나
정월 대보름달 부럽잖다

맑고 맑은
공기가
별빛도 씻어주는
밤하늘인데

하물며
그믐달 밝음이야
당연히 대보름달이지

여름 단상斷想

잡초는 없다

산야에
이름 모르는
아름다운 풀들을
무심히 잡초라 하네

들을 귀의 행복

내가 멈추면
풀벌레 소리가
크게 들리네

의식에서 무의식이

뻐꾹새 울음에
넋 나간 일손,
미지未知에 대한 중독성

만물은 비를 타고 온다는데

축대 밑의 가재를
아내가 먼저 반겼다
아내가 주인인가

민들레

흩날리는 민들레 씨
안 가는 길 없으니
꽃 중에 꽃이로다

강원도 깊은 산골
외로운 외딴집
생각나네, 너와지붕

그곳에도
노란 민들레
환하게 피었을까

향연

개머루 풀숲이
흔들 춤을 추다

무풍에
노니는
박새들의 향연이다

들여다보면
멈추는
끼리끼리의 세계

도둑놈 풀

제대로 된 이름이 있을 텐데
이웃에서 그렇게 부르니
그런고로 '도둑놈 풀' 이다

한 가지 재주는 좋다
얽히고설키게 하는 재간이네

터럭가시로
온 세상 천지에
이름 남기니
그놈 참 험난하다

재 놈은 이 짓을
'연緣' 이라고 부르려나

제5부

자연을 노래하는 II

인연

잔디가 좋다

많은 자리를
조금도
탐내지 않는다

아래로 깊게
내려가려는
욕심도 없다

그저 제 앉을 만큼
옆으로 비켜만 주면
저희끼리

강강수월래~ 강강수월래~
수많은 인연을 엮는다

잡초

잡초는 없다

그 이름을 부르지 않았다
그러면서 잡초라니

이름이 있어도
채소밭에
채소 아닌 놈은 잡초다

민들레 아름다우나
채소밭의 민들레는 잡초다

봄 쑥 향기로우나
채소밭의 봄 쑥은 잡초다

제 할 일
제 있어야 할 자리
모르는 놈은 잡초다

이름이 있으나
그 이름 불러 주어도
그놈은 잡초다

질경이

밟히어도 질경이요
찢기어도 질경이네

모진 풍파에
어찌 그리 질긴가

잎새의 살결은
어찌 그리 아름다운지

고통을 견디며
세상을 만드는
아름다운 이에게
칭찬으로 하는 그 이름
질경이
"질경이 같은 놈!"

억짓손

자연스러운 '자연' 을
삽질로 억짓손이
자만自滿에 담는 자연

자연은 자연스러운데
예술이 제멋에 겨워
자연을 공간에 정지시킨다

어김없이
유전되는
생명체, 기운들

자연은
저절로 이루어지는데

도토리 줍는 날에

큰 기대를 걸고
뒷산에서
도토리를 줍다

마음은 벌써
큰 묵사발에 머물면서
입가에 번지는 기쁨

도토리가 흉년인가
다람쥐가 빠른가

도토리나무 밑에
도토리가 별로 없다

묵사발 된 이 기분은
다람쥐 때문인가

아서라, 마음을 비우자

다람쥐는 귀한 양식이고
나는 그저 별식일 뿐인데

메뚜기 사연

메뚜기 사연
가슴 아프다

누런 벼 이삭 사이로
튀어야 제격인데

세상 물정 모르네

날개도 나지 않는
어린 녀석들
하필이면
하늘 보이는 잔디밭에서

까치 피하랴
까마귀 피하랴

힘겹다 힘겨워

메뚜기도 한철
옛날 옛적 이야기인가
한철이 보이지 않네

누르스름한 잔디밭에
메뚜기는 없다
그 많던 메뚜기를 누가 어떻게…

"까치, 너 이놈!"

풀씨

이름 모를 풀씨들

가볍고, 먼 길이 힘들어
지들끼리 팔짱 끼고
바람에 치근덕거린다

가다가 멈추면
거기가 새 둥지

매서운 겨울나기,
궁금증이 걱정되어
꼬챙이로 쑤셔도
새 생명 숨결은
짐작조차 어렵다

질기고 질긴
생명력으로 창조하는
풀씨 반半, 흙 반半
풀씨 영토가 바로 자연!

세속에 찌든 욕망에
호미로, 괭이로, 삽으로,
작지만 조용한 위엄에다
몹쓸 아픔을 남기다

풀씨는 언제나 다시
웃는다, 지치지 않고
풀씨 반半, 흙 반半으로

풀씨는 언제나 다시
웃는다, 지치지 않고
초개草芥와 같은 처지에서
아름다운 자연의 생명으로!

태풍에 떠밀리어
마루에 빗물이
흥건하다, 이곳에도
풀씨가 자랄까

가을 추상抽象

옛 어른들의 지혜,
자고로
처서가 오면
모기 입이
비뚤어진다고

수국 꽃이 시들어
검버섯 주름살,
세월이 만드는 연륜

해바라기 늙어
버티는 힘은
해를 향한 자존심

개구리 사연

아직도 언 땅이 차가운데
밤 시간에 개구리 소리 요란하다

아내는 며칠 전부터 들리는 소리란다
나는 오늘 처음 들었으니
아직도 귀가 덜 열렸나 보다

엊그제 경칩이라,
신기하게도 세월을 아는구나

경험을 더듬어 아는 지식과
부딪치는 세상은 다른 법인데,
물정 모르고 앞당겨 나온 녀석들
꽃샘추위에 놀랐을 터, 걱정스럽다

아니다, 아니다
봄이 오는 이치를
가장 잘 아는 영물인데
일찍 나와서 죽었다는 소릴
들어 본 적이 없다

땅속에서 튀어 올라 소리 지르니
얼굴은 못 봤지만 소리로도 반갑다
왕성한 자연의 소리를
고향의 소리로 만들어
세파에 찌든 내 마음을 씻어주는구나

바위

바위가 좋다
함께 살고 있다
그냥 좋다

크든 작든
말 없는 위엄으로
산을 지킨다

바위 앞에서
더듬어 보는
천 년의 세월

그저
제 차지하는 자리에
조용히 있으나
보는 위치에 따라
많고 많은 역사를 드러낸다

바위는 산이요
산은 바위다

이 몸도
닮고 싶어라
묵묵히 역사를 만드는 바위를

공생共生 2

채소 아닌 잡초를
채소밭에서 들어내다

땅속 지렁이들
호미질에 후다닥거린다

날 보고 놀랐을까
등 너머
까치 보고 그랬을까

까치 녀석은 배가 통통하다
얼른 지렁이를 덮어준다

지렁이가 사는 땅은 풍년이니
푸르고 싱싱한 채소가 삼삼하다

"고맙다, 지렁이야! 오래오래 살아라!"

일출日出 1

동산 저 위로
타오르는 광명

붉디붉은 기운이
징소리 되어
넓게
퍼지는 행복이어라

뜨거운 용광로
끓고 있는 '나'

다시 탄생하는 '나'

일출日出 2

새롭게
태어나는
끝없는
천지창조

안개가
산 넘어
숨어버리고

잡념도
수다도
멈추게 하는
저 붉은 기운

춤추는 어깨가
저절로
합장하다

아! 가슴에
스며드는
하늘빛 행복!

자연의 소리

들풀 · 나뭇잎 · 바람이 스치는 소리
여치 · 귀뚜라미 · 이름 모를 벌레 소리
국화꽃에 윙윙 노니는 벌 날갯짓 소리
이 모두가 잠시
세상을 닫으면 들려오는 행복

뻐꾸기 · 꿩 소리
괭이질 · 삽질 · 호미질 소리
강아지 뛰노는 소리
팔려간 어미가 그리운 송아지 슬픈 울음
산 너머 들려오는 찬송과 목탁의 간절함
이 모두가
흙먼지와 함께하는 자연이다

들을 수 없는 소리가 듣고 싶다
구름 · 안개가 밀려오는 소리를
벌과 꽃이 웃는 소리를
열매 익는 소리를

내가 멈추면 크게 들리는 소리들

나 자신에게 있어서 시는 삶을 관조觀照하는 마음이 반추되어 나타나는 현상—예술이라고 표현하고 싶을 만큼—이다. 가령 급작스럽게 떠올랐다고 생각하는 영감도 알고 보면 평소에 생각하거나 마음이 가던 것들의 결과로 이루어지는 것이다. 그리고 이 모든 의미의 깨달음이 시로 표현되었다.

시를 쓰면서 많은 생각들이나 현상들을 함축되고 정제된 언어로 담고 싶은 욕심에 되새김질을 제대로 하지 못한 점도 있다. 하지만 또 다르게 다가올 시간들이 나에게 줄 행복이라 믿는다.

시의 세계에 살며, 함께하는 일상의 대상이나 사물 등 모든 것들이 자신에게 유발시키는 감정을 받아들이고, 또한 내 속으로부터 일어나는 마음을 정제하여 감정을 되돌려 나누려고

노력하고 있다. 대상들과의 교감을 통해, 나도 모르는 먼 곳으로 멀리 가 있는 감정을 끌어오는 것이다.

갈수록 새록새록 드는 마음은, 시인의 마음이란 삶의 의미를 깨달으며 행복을 찾아가는 구도자求道者의 마음이라고 생각된다. 시인의 눈으로 보는 세상은 명상 · 사색 · 자기성찰 · 철학 · 인생 · 예술 · 자연 · 우주 · 신 등 모든 것이 내포되어 있다는 확신이다. 이것이 자신의 일상에 주는 힘이 된다면 엄청난 삶의 만족이 있으리라 싶다.

종국에는 나 자신이 스스로 만든 굴레를 벗어나는 자유로운 영혼이 되리라 꿈꾼다.

시는 살아가는 사람들의 발자국 소리

박 영 교

(시인 · 평론가 · 前 한국문인협회 이사)

시는 사람이 살아나가는 발자국 소리이다.

이경우 시인은 사람이 살아가는 발자국 소리를 연구하는 박사로서 시의 울림이 무엇인가를 확실히 아는 시인이며, 그 발자국 소리를 어떻게 풀어내야 우리 살림이 풍성하게 살아남을 수 있는가를 잘 아는 시인이기도 하다.

요즘은 자기 자신의 신분상승의 수단으로 시를 쓰는 사람들이 많이 있다. 어디를 가든지 '시인' 이라는 호칭이 있으면 한층 더 잘 보아주는 시대이기도 하겠지만, 어쨌든 간에 사람들은 문인의 신분을 예사롭지 않게 봐주는 것은 사실이다. 그러나 다른 한편으로는 시인으로 살아남는 것이 중요한 시대이기도 하다.

수많은 시인들 중에 오래도록 살아남기 위하여 자신을 업그레이드하면서 훌륭한 작품을 출산해 내야 할 것이다. 그렇게 좋은 시를 써 내기 위해서는 자신의 머리에서 나오는 대로 작품을 써서 발표를 하면 안 된다.

요즘 독자들은 너무나 바쁜 시대에 살고 있어서 긴 시나 보편적인 시는 잘 읽어주지를 않는다. 짧으면서도 시적 내용이 눈에 화살처럼 꽂히는 시들만 읽어주는 것이다. 물론 독자들의 구미에 맞는 시만 쓰라는 얘기는 아니다. 적어도 자신의 시적 내용이 독자들의 눈에 와 닿을 수 있게끔 작품을 구사하려면 시인의 머리에서 그냥 물 흐르듯 나오는 구상으로만 되는 것이 아니다. 깊은 내면의식과 함께 작품을 구상한 것들이 작품화 되었을 때 독자들의 눈에 발탁되는 좋은 작품이 되는 것이다.

시인의 눈은 자면서도 항상 뜨고 있어야 하고, 걸어가면서도 한 세계를 그리면서 걸어야 하고, 머릿속은 항상 깨어 있는 맑은 하늘이어야 한다. 시인이 한 작품을 구상할 때에는 보통 독자들의 생각이 미치지 않는 곳까지 헤아려서 글을 써야 한다.

이경우 시집은 제1부 〈깨달아 가는〉에 15편, 제2부

〈마음으로 보는〉에 14편, 제3부 〈자연이 들려주는〉에 14편, 제4부 〈자연을 노래하는 Ⅰ〉에 13편, 제5부 〈자연을 노래하는 Ⅱ〉에 14편의 작품을 싣고 있다.

정처 없이 걷고 있다
돌아갈 수 없을 만큼

가다가 아닌가 다시
돌아서 길을 걷는다

알면서 반복하여 걷는 인생
그 순간 그 자리가 지금이건만
되돌아갈 길을 걷고 있네

끝없이 걸으며
기다리고 원하는 것은
결국 내 안에 있는 것을

—「나그네」 전문

우리 인생은 누구나 다 나그네이다. 신이 세상을 창조하여 사람들이 태어났다가 이 세상에 왔다 가는 것이 인생이라고 했다. 누구든지 세월을 이기는 생은 없기 때문이다.

이 작품 속에는 끝없이 걸어갈 수 있는 것이거나

기다리며 원하는 것은 내 자신 안에 있다는 것이다. 행복하기 위해 행복을 찾아 헤매고 돌아다녀도, 아무리 찾아봐도 주위에는 아무것도 없었다. 그 행복은 오직 그의 내면에 깃들어 살고 있는 것이다. 그래서 바이블은 '천국은 네 마음 가운데 있다' 고 했다.

추적대는 가을비
새벽을 깨우며
철없는 불청객으로
붉은 꽃잎 백일홍의
마지막 심기를 훑는다

있어야 할 자리가 아닌
어색한 중압감으로
바람에 얹힌 빗방울은
냉기를 뿌려댄다

냉혹한 가을비 풍경에
뻰들거리는 일상이
무의식과 자그락거린다

—「가을비」 일부

시적 이미지화 시키는 '가을비' 에 대한 작품 전반부이다. 시는 비유의 산물이기 때문에 비유가 분명

하면 선명한 형상화 작업이 이루어진다고 생각한다.

가을비는 백일홍의 마지막 심기를 훑게 한다고 했다. 찬 바람과 함께 내린 빗방울이 냉기를 뿌리는 일상들이 시인의 무의식과 마찰을 피할 수 없으며 자연의 풍경을 새롭게 만드는 작업을 하고 있음을 시사하고 있는 것이다.

영생을 향한
삶의 집착은
미지의 두려움

가지 않은 길에
가지는 호기심이
진정한 영생인가

—「영생」 전문

사람은 누구나 오래 살고자 한다. 오래도록 살되 질병에 시달리지 않고 건강하게 오래 살아가는 것이 중요하다. 그런데 이경우 시인은 '영생'을 가장 짧은 시로 형상화하고 있다.

영생이란 오래 살아가는 것을 말하는 것이 아니라 영원히 죽지 아니하고 산다는 것이다. 기독교, 천주교에서 말하는 영생은 사람이 예수를 믿어 하나님의 거룩한 뜻을 알아서 그 가르침을 행하여 죽고 나서도 천국에서 영원히 살아가는 것을 의미한다.

시인은 영생을 향한 삶의 집착은 미지의 두려움이라고 했다. 또 시인은 남이 가지 아니하는 길을 가지는 호기심이 진정한 영생인가? 라고 반문하고 있다. 사실 미지의 세계로 나가는 것은 누구나 다 두려움이 앞선다.

예수께서 열두 제자들에게 나타나 살아 있음을 보였는데 '디두모' 라는 도마는 그곳에 있지 아니하여 "내 손이 옆구리에 넣어서 내가 보지 아니하고는 믿지 아니 하겠다."라고 했는데 예수께서 도마 앞에 나타나 보이시며 "네 손을 내밀어 내 옆구리에 넣어보라."고 하시고는 "너는 나를 본 고로 믿느냐? 보지 못하고 믿는 자들은 복되도다.(요한복음 20:24~29)"라고 했다. 믿음은 무조건적인 믿음을 의미하는 것이다.

원 안에서 뒹굴어
내가 원이 되어야
부딪치지 않으며
상처받지 않는다

네모, 세모, 울퉁불퉁
가다 서다, 가다 서다
모두 힘들다

상처에 상처 없는
크고 큰 원이 되어라

'나' 이외에 그 무엇은
아무것도 아닌
허무의 세상인 것을

스스로 원을 그려라
참다운 나의 인생을

멀리 바라보고 굴려라
아름다운 세상을 위하여

—「공생共生 1」 전문

사회생활을 할 때는 원만한 사람이 좋다. 까다롭거나 모나는 행동을 하면 함께 살아갈 수 없다고들 한다. 그런데 까다롭다고 하는 사람들의 대부분은 정직하게 살아가기 위한 발걸음이라고 생각된다. 보통 그런 사람은 경우에 벗어나는 행동은 하지 않기 때문이다.

《'나' 이외에 그 무엇은/ 아무것도 아닌/ 허무의 세상인 것을// 스스로 원을 그려라/ 참다운 나의 인생을// 멀리 바라보고 굴려라/ 아름다운 세상을 위하여》

이경우 시인의 작품 「공생共生 1」에서는 바로 위 괄호 안의 시구詩句들에 시인이 말하고자 하는 중요한 뜻이 숨어 있지 아니하겠나 생각이 된다. "스스로 원을 그려라"라는 시구나 "참다운 나의 인생을 멀리 바라보고 굴려라" 등의 시구에서 찾아볼 수 있다.

가마솥에 잡풀을 태우다
연기에서 풀 냄새 향긋한
타는 냄새는 희미한 고향
밀려오는 행복, 아! 이 맛!

가마솥이 끓는다
김이 풀풀~
하얗게 오르고
아버지가 조용히
쇠죽을 끓이시네

활활 타대는 콩깍지
뜨끈뜨끈한 아궁이 앞에서
무럭무럭 자라는 아들을
말없이 흐뭇하게
미소 지으시는 아버지

한마디 건네고 싶은 뭉클함
하지만
내 눈물 속으로

사라지시는 아버지

한순간의 행복이요
아쉬운 순간이다

타는 풀 냄새
풀 향기 그윽한
자연의 향기
그리운 행복, 아! 아버지
이제야 아버지를 그리워합니다

—「아! 아버지」 전문

이경우 시인의 아버지에 대한 시이다. 아버지는 농촌의 평범한 농사짓는 아버지이다. 소죽솥에 소죽 여물을 넣고 콩깍지를 태워서 소죽을 끓이시면서 그 부엌 앞에서 무럭무럭 자라나는 아들을 흐뭇하게 생각하며 미소 지으시는 아버지 모습을 지금도 시인은 기억하고 있다.

아버지에게 한마디 말을 건네고 싶은 그 말 한마디, 아버지의 생각이 뭉클하게 살아 오르는 순간들, 소죽솥 부엌에서는 타는 풀냄새 그윽하게 나는 향기를 통해 시인은 아버지를 처음으로 그리워하는 것으로 보인다.

잠 못 이루는 밤에
알 수 없이 뒤척이다

채소밭에 마음이
풀을 뽑는다

베갯머리에 호미 놓고
이내 잠들다

—「잠 못 이루는 밤에」 전문

이경우 시인은 할 일이 많은 사람이라서 이것저것을 생각하면서 살아가는데 고민이 많거나 할 일이 많은 시기에 생각이 미치지 못할 때에 밤을 지새우는 시기가 잠 못 이루는 밤이 되는 것이다. 대개가 걱정이 많거나 할 일이 많아서 마음에 순서가 정해지지 않을 때 잠 못 이루는 밤이 된다.

위의 작품을 살펴보면 다른 모든 일을 하다가 깜박 잊고 그날 밤에 채소밭을 생각한다. 밤에 채소밭을 생각해 보다가 낮에 보던 무성한 풀을 생각하게 된다. 채소가 풀 속에서 헤어나질 못하는 광경을 보고 호미를 갖다가 옆에 두고 또 바쁜 일을 하다가 잊어버린 상황을 시로 승화시킨 작품인 듯하다.

인연因緣,
작년에 죽은 매실나무에
무심결에 물을 주다
끈질긴 연緣을 엮다

혜안慧眼,
저절로 핀 들꽃
그저 바라보니
더욱 아름답다

자비慈悲,
울고 있는 매미의
간절함을 알 수 없으나
소리가 멈추면 걱정스럽다

비움無心,
목수국 잎이 바싹하다
스스로 욕심 부려
병을 키우지 않는데

연륜年輪,
늙어서 느리고
웃지 않아도
주름살이 미소다

—「늙는다는」 전문

시인은 늙는다는 것에 대해서 생각해 본다. 작년에 죽은 매실나무에 무심결에 물을 주며 살아나기를 기다리는 인연의 끈을 엮어 보는 것, 또한 모든 것을 보아도 즐겁고 저절로 피는 야생화를 바라보면서 아름다움을 누리고 있음을 혜안慧眼으로 보는 것, 움직이는 것이 멈추지 아니할 때 매미소리가 항상 들려지기를, 바라보는 다른 사물들에게 베풀어 주는 마음, 모든 사물이 욕심을 부리거나 그로 인해 병을 얻는 것, 늙어서 사물을 바라볼 때 항상 웃음을 잃지 않는 상황을 늙음으로 보는 시인의 뜻이라고 보여진다.

바람 한 점 없는 혹서酷暑
애타도 없는 그늘

그런데…
덜 덥네

한여름 무더위에
가만히 눈을 감으니
가슴이 미동微動하네

—「마음이 이끄는」 전문

작품 「마음이 이끄는」을 읽어 보면 불교에서 말

하는 '일체유심조一切唯心造'를 떠올리게 한다.

신라시대 고승 원효와 의상이 당나라 유학길을 떠나기 위해 가다가 비가 억수같이 퍼붓는 날 밤 어떤 토굴을 만나 하룻밤을 유했는데 원효가 밤중에 갈증을 느껴 그 옆에 찾아보니 바가지에 물이 있어 아주 시원하게 먹고 나서 잠을 이루게 되었다. 그런데 아침에 일어나 해골바가지에 있는 물을 먹었다는 사실을 알고 역치가 나서 견딜 수 없었다. 그런 후 원효는 '일체유심조一切唯心造' 즉 세상 모든 일은 오직 자신이 마음먹기에 있다는 깨달음을 얻어 거기서 신라로 돌아오고 의상은 당나라로 떠났다는 일화이다.

이경우 시인은 한 뜨거운 여름철에 그늘도 없는 뜨거운 혹서에도 마음을 열고 뜨겁지 않다는 마음만 가지면 덜 덥고 또 마음을 열고 눈을 감고 있으면 더운 것이 아니라 벌써 가을이 조용히 움직이는 것 같은 느낌을 얻게 된다는 것을 이야기하고 있다.

텃밭에 흘린 땀

방울토마토 두 개에
발갛게 익은 사랑

"여보, 당신 하나, 나 하나!"
아내가 내미는 손

"아! 이게 행복이야!"

술술 긴 말이 아니어도
풍족함이 입안에
긴 향기로 남는다

땀 맛이 만든 행복

방울토마토에 무르익는
금실지락琴瑟之樂

—「일은 축복」 전문

노동의 대가代價를 얻는 기쁨을 시인의 둘 내외는 느끼고 있다. 방울토마토 두 알만 있어도 부부간의 행복하고 두터운 사랑을 만날 수 있고, 서로를 응시하면서 살 수 있음을 나타내고 있다. 이와 반대로 요즘 젊은이들은 이런 삶에 대해 너무도 다른 생각과 이미지를 안고 살아가는 듯하여 안타깝게 느껴지기도 한다.

자연에 호미질하는
소유의 욕심은
삶이 늘 곁에 있다는 오만

땅 한 자락에
초원을 만드는 욕심은
죽음이 훈계하는
삶의 방식인가

흙 한 줌
풀 한 포기에 해대는
삽질에 튀는 녹슨 소리에
생명도 있고 고통도 있네

—「삶과 자연」 전문

「삶과 자연」은 '너무 욕심을 내지 말고 평범하게 살다가 세상을 뜨는 기러기처럼 살아라' 고 세상 사람들에게 충고하고 있다.

자연 속에 사람이 태어나고 또 사람은 자연의 일부분으로 살아가다가 이승을 뜰 땐 공수래공수거空手來空手去일 뿐이다. 시인은 자연에 호미질하는 것도 인간의 오만이오, 땅 한 자락도 가지는 것도 "죽음이 훈계하는 삶의 방식"이라고 본다. 흙 한 줌, 풀 한 포기 삽질하는 소리에 생명도 있고 고통도 있다는 것이다.

찬란한 마무리로
하나로 모이는
황혼의 아름다움이여!

산, 들판, 구름도
붉은색의 마법에
합장하며
황홀해 하는구나

붉디붉은 그 위엄에
하늘 아래 미물들
고개 숙여
자신을 감추고 있구나

내 인생의 끝자락은
어떤 색조로 이루어질까

—「석양」 전문

나이가 이순耳順에 가까이 되면 모든 사물이 순해 보이고 조용해 보이면서 모든 것들이 순종하는 것으로 보일 뿐만 아니라 만물이 그리움에 가득 차 보이는 세대가 된다.

황혼을 보면 함께 붉게 물들고 싶어지며, 들판 구름도 산들도 함께 붉어져 있는 것이 신기하게 느껴지는 계절이다. 모든 사물들은 고개 숙여 자신의 빛을 나타내지 못하고 있는 것이다.

시인은 이제 마지막으로 내 자신의 끝자락에는 어떤 삶으로 마지막을 장식할 것인가에 대해 궁금해 보이는 것이다.

육십이 넘은 내 나이
사랑하지 않는 것이 사랑이다

세상에 연연하지 않아
나를 내려놓는 게
연緣을 가지는 사랑이다

묵주 알 하나하나 살포시
나의 인생 나의 가슴에
보듬어 안듯이
마음으로 굴리는 인생

사랑이 되고 있네
자연이 되고 있네

—「마음을 비우는」 전문

이경우 시인의 작품 「마음을 비우는」에서는 '사랑하지 않는 것이 사랑' 임을 역설적逆說的 표현방법으로 나타내고 있다. 이런 표현은 더욱 사랑하고 있음을 패러독스逆說로 나타내고 있는 것이며 '나를 내려놓는 게 연緣을 가지는 사랑' 이라는 것 역시 패러독스逆說적인 표현방법이다. 시인의 심상을 역설적으로 표출함으로써 더욱 사랑을 하는 것으로 나타내는 것이 된다.

파류봉이 말없이
말을 건네 온다

내가 중얼대면
말없이 말을 한다

나의 말을 이해하고
나와 아침을 맞는다

지쳐 있는 나를
산맥으로 받아주며
나의 일상에
미소를 보내온다

알려지지 않은 또 다른 이름
그 이름 파리봉,
하지만 나에게는 독수리봉이다

파류봉이 말없이 말을 한다
자신이 독수리라고

—「금정산 파류봉峰 1」 전문

자연과 친화하는 이 작품은 서로 말을 건네주며

말없는 말을 주고받고 있다. 사람이 자연과 가까워지는 것은 삶의 그리움이며 생성의 친화이기 때문에 우리 인간은 자연을 떠나서는 자유롭거나 평화롭지 못하고 속박의 아픔을 얻게 되는 것이다.

이경우 시인은 산속에서 산봉우리와 친화작업을 하고 지쳐 있는 자신의 피로를 풀기 위해 산을 찾으면서 산봉우리와 교감을 갖게 되는데 그 자연이 시인의 일상에 미소를 보내온다고 했다. 더욱 더 크고 든든한 믿음을 더해주는 자연임을 알게 해 준다.

들풀 · 나뭇잎 · 바람이 스치는 소리
여치 · 귀뚜라미 · 이름 모를 벌레 소리
국화꽃에 윙윙 노니는 벌 날갯짓 소리
이 모두가 잠시
세상을 닫으면 들려오는 행복

뻐꾸기 · 꿩 소리
괭이질 · 삽질 · 호미질 소리
강아지 뛰노는 소리
팔려간 어미가 그리운 송아지 슬픈 울음
산 너머 들려오는 찬송과 목탁의 간절함
이 모두가
흙먼지와 함께하는 자연이다

들을 수 없는 소리가 듣고 싶다

구름 · 안개가 밀려오는 소리를
벌과 꽃이 웃는 소리를
열매 익는 소리를

내가 멈추면 크게 들리는 소리들

—「자연의 소리」 전문

시인은 자연의 소리를 좋아한다. 그는 자연 그 자체를 더욱 가까이하기를 좋아하며 노동의 대가로 땀 흘리는 것을 더욱 사랑하고 있다.

들풀 · 나뭇잎 · 바람 스치는 소리, 여치나 귀뚜라미 등 다른 모든 풀벌레 소리, 국화꽃에 윙윙하는 벌들의 날갯짓 소리…. 이 모든 것이 시인에게 들려오는 행복의 소리라고 했다.

뻐꾸기 · 꿩 소리, 괭이질 · 삽질 · 호미질 소리, 강아지 뛰노는 소리, 팔려간 어미 소를 그리워하는 송아지의 슬픈 울음소리, 찬송과 목탁 소리 등이 자연의 소리이다.

들을 수 없는 소리를 듣고 싶다고 했다. 구름 안개가 밀려오는 소리, 벌과 꽃이 웃는 소리, 열매 익는 소리 등등의 궁금증이 한없이 많은 시인이다.

게으른 사람아
자연은

일하지 않으면
결실을 주지 않는다네

배불리 먹는 사람아
자연은
과식하지 않는다네

교만한 사람아
자연은
한없이 주고도
말이 없다네

욕심 부리는 사람아
자연은
꽃이라고 모두
열매 맺지 않는다네

억지 쓰는 사람아
자연은
그냥 있어도 조화롭다네

이 사람아
자네도 자연이요
모든 것이 다 자연이라네

—「자연이 들려주는」 전문

이 작품에서 시인은 자연 친화적인 말을 많이 쏟아놓고 있다. 그는 자연을 가리켜 일하지 않으면 결실을 주지 않는다고 했다. 자연은 사람과 달리 과식하지 않는다고 했다. 교만한 사람에게 자연은 한없이 주고도 말없이 묵묵부답이라고 했다. 욕심 많은 사람들에게 자연은 꽃이 핀다고 다 열매를 맺지 않는다고 했다. 자연은 그냥 있어도 조화롭고, 그리고 인간도 자연의 일부요, 모든 것들이 자연으로 돌아가는 자연임을 시사해주는 작품이다.

이경우 시인의 작품을 대해보면서 느낀 점은 작품이 짧으면서 생각할 수 있는 여백과 그 여유를 독자들에게 주고 있다는 점이다. 대부분의 작품들이 길지 아니하고 그런 작품 속에서 시인의 능력이 보여지며 그렇게 어려운 시적변용詩的變容은 없어 보인다.

우리가 어떤 일을 하더라도 그 일에 최선을 다하면 살아남을 수 있는 사람이 된다. 이것을 '불광불급不狂不及' 이라고 일컬을 수 있겠다. 어떤 일이라도 그 일에 미치지 않고는 그것에 미칠 수 없다는 뜻이다.

앞으로 더욱 좋은 작품을 써서 독자들의 마음에서 오래도록 살아남을 수 있는 작품을 잉태하여 출산해 주기를 바라면서 누구나 항상 좋아하는 시적 역량을 쌓아가도록 노력하기를 바라는 마음이다.

문학세계대표작가선 758

성찰 省察

이경우 시집

인쇄 1판 1쇄 2015년 11월 13일
발행 1판 1쇄 2015년 11월 20일

지 은 이 : 이경우
펴 낸 이 : 김천우
펴 낸 곳 : 도서출판 천우
등 록 : 1992. 2. 15. 제1-1307호
주 소 : 서울시 성동구 무학봉28길 6 금용빌딩 2F
전 화 : 02)2298-7661
팩 스 : 02)2298-7665
http://www.moonhaknet.com
E-mail : chunwo@hanmail.net

값 12,000원

ISBN 978-89-7954-613-2

이 도서의 국립중앙도서관 출판예정도서목록(CIP)은 서지정보유통지원시스템 홈페이지 (http://seoji.nl.go.kr)와 국가자료공동목록시스템(http://www.nl.go.kr/kolisnet)에서 이용하실 수 있습니다. (CIP제어번호: CIP2015030755)